Grundschule
Klasse 3/4

Bernd Wehren

Rechen-Rätsel bis 1000

Knobel-Aufgaben
zum spielerischen Üben
von Rechenoperationen

Cornelsen

Der Autor
Bernd Wehren ist ausgebildeter Lehrer für die Fächer Deutsch, Mathe, Sachunterricht und Sport. Er unterrichtete er an mehreren Grundschulen und ist seit 2000 an der Heinrich-Neuy-Grundschule in Steinfurt.
Er ist Autor zahlreicher Arbeitshefte, Kopiervorlagen, Unterrichtsmaterialien und Lernspiele für die Grundschule.

Folgende Titel sind bei Cornelsen bereits erschienen:
Die große Freiarbeits-Schatzkiste Mathe Klasse 1
Die große Freiarbeits-Schatzkiste Mathe Klasse 2
Die große Freiarbeits-Schatzkiste Mathe Klasse 3
Die große Freiarbeits-Schatzkiste Deutsch Klasse 1
Die große Freiarbeits-Schatzkiste Deutsch Klasse 2
Die große Spiele-Schatzkiste Mathe Klasse 1/2
Die große Spiele-Schatzkiste Deutsch Klasse 1/2
Rechen-Rätsel bis 20
Rechen-Rätsel bis 100

Projektleitung: Maren Krüger, Berlin
Redaktion: Stefan Giertzsch, Werder (Havel)
Umschlaggestaltung: Corinna Babylon, Berlin
Umschlagillustration: Corinna Babylon, Berlin (Hintergrund, Rechengitter); Shutterstock/GraphicsRF (Kinder)
Illustration Innenteil: Corinna Babylon, Berlin (Hintergrund); Shutterstock/GraphicsRF (Kinder); Stefan Giertzsch (Zahlenstrahl)
Layout/technische Umsetzung: krauß-verlagsservice, Ederheim/Hürnheim

www.cornelsen.de

1. Auflage 2020

Druck: H. Heenemann, Berlin

ISBN 978-3-589-16639-8

PEFC
PEFC/04-31-1156

PEFC zertifiziert
Dieses Produkt stammt aus nachhaltig bewirtschafteten Wäldern und kontrollierten Quellen.
www.pefc.de

Inhalt

Einleitung

Die Kinder müssen Plus-, Minus-, Ketten- und Platzhalteraufgaben im 3. und 4. Schuljahr bis 1 000 berechnen können. Mithilfe der **„Rechen-Rätsel bis 1 000"** werden all diese Rechenverfahren auf originelle und motivierende Art und Weise miteinander verknüpft. Beim Rechnen und Knobeln hilft den Kindern stets ein Zahlenstrahl bis 1 000 auf jedem Arbeitsblatt. Da die Kinder nicht immer sofort die richtigen Zahlen in die leeren Kästchen schreiben, manchmal ausprobieren und knobeln müssen, sollten sie **stets mit Bleistift** schreiben, um falsche Zahlen ausradieren zu können.
Sie können die Rechen-Rätsel neben dem normalen Mathe-Unterricht auch in der Frei-, Wochenplan-, Stationsarbeit und dem Förderunterricht einsetzen – entweder als Arbeitsblätter oder als doppelseitige, laminierte Kartei (Vorderseite: Rechen-Rätsel + Rückseite: Lösung). Mit den Lösungsseiten haben Sie eine sofortige Kontrolle und die Kinder eine sofortige Selbstkontrolle.

Und so funktionieren die Rechen-Rätsel – die Bearbeitungsregeln:

Die Zahlen in den senkrechten Kästchen ergeben in der Addition die Ergebniszahl in dem jeweiligen Kästchen unten.

Die Zahlen in den waagerechten Kästchen ergeben in der Addition die Ergebniszahl in dem jeweiligen Kästchen rechts daneben.

Die Zahlen in den beiden diagonalen Kästchen ergeben in der Addition die Ergebniszahl in dem jeweiligen Kästchen rechts oben oder rechts unten.

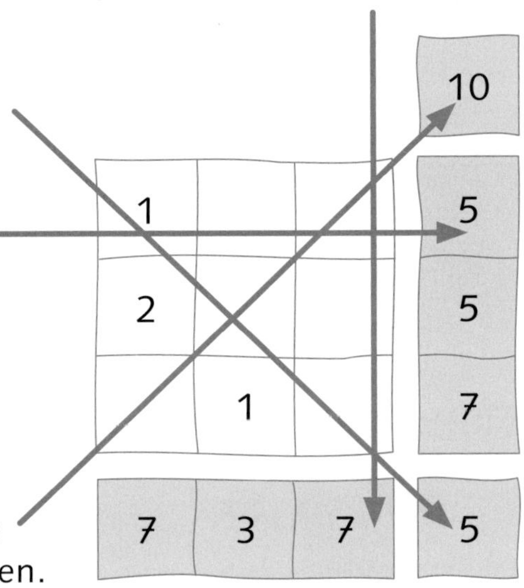

Beim erstmaligen Einsatz der Rechen-Rätsel sollten Sie unbedingt das 1., evtl. auch das 2. Rechen-Rätsel-Arbeitsblatt auf Folie kopieren und gemeinsam mit den Kindern nach den o. g. „Bearbeitungsregeln" ausfüllen. Danach können die Kinder die Rechen-Rätsel selbstständig bearbeiten.
Die Rechen-Rätsel können Sie differenziert einsetzen, da sie von leicht nach schwer geordnet sind: Für Ihre Schüler können Sie z. B. das 1.–4. Rechen-Rätsel (= leicht), 21.–24. Rechen-Rätsel (= mittel), 41.–44. Rechen-Rätsel (= schwer), 61.–64. Rechen-Rätsel (sehr schwer) anbieten. Und ab dem 71. Rechen-Rätsel dürfen die Kinder einen Taschenrechner benutzen, um den Umgang damit zu üben.

Viel Spaß und Erfolg mit den Rechen-Rätsel wünscht Ihnen und Ihren Schülern Bernd Wehren

Hinweis: Es gibt insgesamt drei Bände zum Thema Rechen-Rätsel.
Rechen-Rätsel bis 20 (Klasse 1 und 2)
Rechen-Rätsel bis 100 (Klasse 2 und 3)
Rechen-Rätsel bis 1 000 (Klasse 3 und 4)

URKUNDE

für

Du hast viele knifflige
Rechen-Rätsel bis 1 000 gelöst.
Toll!

							373
16		106	59	116	37		395
	128	37		60	64	36	391
	0	84	51	125	2	34	415
27	60	133	39	12	19		419
66		5	60				391
	17	113	68	70	63	11	426
	117		36	18	75	10	344
440	401	489	328	463	372	288	402

Datum, Unterschrift

1.–4. Rechen-Rätsel bis 1 000

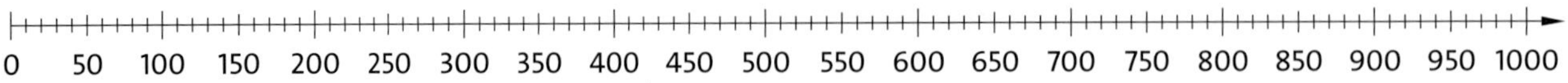

1

				126
	24			112
	8	48	34	120
13	48		17	115
28		9	5	68
117	106	134	58	96

2

				101
35	37		49	137
20	42	1		103
23	40		17	108
			8	66
89	144	67	114	113

3

				82
		44		110
27		5	39	98
50	41		39	165
20	35		23	112
104	146	118	117	92

4

				133
	12	6	13	75
9		47		98
9	27		6	88
	4		30	90
108	74	109	60	151

1.–4. Rechen-Rätsel bis 1 000

Lösungen

1

				126
46	24	**40**	**2**	112
30	8	48	34	120
13	48	**37**	17	115
28	**26**	9	5	68
117	106	134	58	96

2

				101
35	37	**16**	49	137
20	42	1	**40**	103
23	40	**28**	17	108
11	**25**	**22**	8	66
89	144	67	114	113

3

				82
7	**43**	44	**16**	110
27	**27**	5	39	98
50	41	**35**	39	165
20	35	**34**	23	112
104	146	118	117	92

4

				133
44	12	6	13	75
9	**31**	47	**11**	98
9	27	**46**	6	88
46	4	**10**	30	90
108	74	109	60	151

5.–8. Rechen-Rätsel bis 1 000

Aufgaben

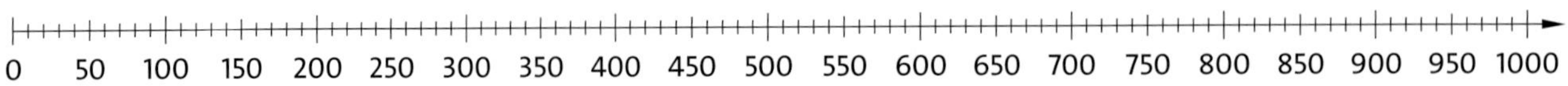

5

				110
	49	8	25	101
30	19		24	110
5	20	34		86
28			42	137
82	137	97	118	114

6

				88
	6		42	135
47			39	147
48		39	37	124
21	13	50		129
164	55	153	163	168

7

				63
34			0	111
	34	13		91
	48	23	21	137
	36	30	14	82
102	162	99	58	105

8

				162
		45		151
	40	40	34	134
26	36		49	150
48		8	18	92
112	144	132	139	115

Lösungen

5

				110
19	49	8	25	101
30	19	**37**	24	110
5	20	34	**27**	86
28	**49**	**18**	42	137
82	137	97	118	114

6

				88
48	6	**39**	42	135
47	**36**	**25**	39	147
48	**0**	39	37	124
21	13	50	**45**	129
164	55	153	163	168

7

				63
34	**44**	**33**	0	111
21	34	13	**23**	91
45	48	23	21	137
2	36	30	14	82
102	162	99	58	105

8

				162
18	**50**	45	**38**	151
20	40	40	34	134
26	36	**39**	49	150
48	**18**	8	18	92
112	144	132	139	115

9.–12. Rechen-Rätsel bis 1000

0 50 100 150 200 250 300 350 400 450 500 550 600 650 700 750 800 850 900 950 1000

9

				92
10		13	6	87
15	38			155
14		19	31	76
		15	41	95
57	129	103	124	108

10

				92
6	54	50		127
		7	59	142
	39		30	128
29		0	30	109
112	171	87	136	94

11

				123
		53	50	171
42			50	127
	5	60		107
	59	60	12	172
117	122	200	138	98

12

				59
33		53		132
	16	1	0	60
	32	28		106
1	37		29	98
122	106	113	55	106

Lösungen

9

				92
10	**58**	13	6	87
15	38	**56**	**46**	155
14	**12**	19	31	76
18	**21**	15	41	95
57	129	103	124	108

10

				92
6	54	50	**17**	127
48	**28**	7	59	142
29	39	**30**	30	128
29	**50**	0	30	109
112	171	87	136	94

11

				123
18	**50**	53	50	171
42	**8**	**27**	50	127
16	5	60	**26**	107
41	59	60	12	172
117	122	200	138	98

12

				59
33	**21**	53	**25**	132
43	16	1	0	60
45	32	28	**1**	106
1	37	**31**	29	98
122	106	113	55	106

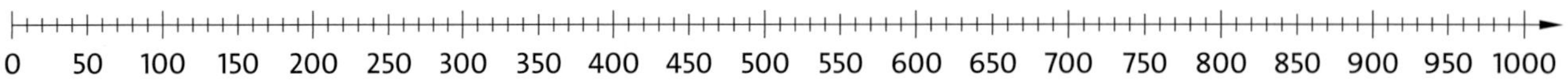

13

				153
21		19		96
		46	30	138
2	0			47
58		2	26	138
90	112	78	139	111

14

				141
				102
47		23	46	163
44		4	35	113
	42	0	54	156
205	122	44	163	159

15

				89
	40		4	145
38		52		179
	24	27	43	136
9		2	27	76
142	144	129	121	149

16

				104
		60	20	101
47	12		44	135
	37	28	26	134
15	19			74
109	85	153	97	51

Lösungen

13

				153
21	**7**	19	**49**	96
9	**53**	46	30	138
2	0	**11**	**34**	47
58	**52**	2	26	138
90	112	78	139	111

14

				141
54	**3**	**17**	**28**	102
47	**47**	23	46	163
44	**30**	4	35	113
60	42	0	54	156
205	122	44	163	159

15

				89
53	40	**48**	4	145
38	**42**	52	**47**	179
42	24	27	43	136
9	**38**	2	27	76
142	144	129	121	149

16

				104
4	**17**	60	20	101
47	12	**32**	44	135
43	37	28	26	134
15	19	**33**	**7**	74
109	85	153	97	51

17.–20. Rechen-Rätsel bis 1000

Aufgaben

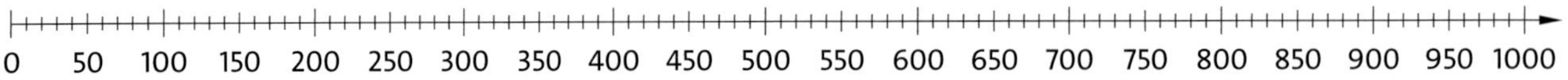

17

					170
	26		38	53	152
		44	27	22	164
54		32		45	234
68		17	2	6	115
36	32	18	26		128
228	160	115	148	142	113

18

					120
23		69	6	36	201
16	45			46	153
44		18	15		128
	49		13	33	161
	49	36	4	66	161
110	214	203	49	228	165

19

					168
		10	38	69	224
58			17	3	155
	23	4	40	24	150
10	17	58	37		144
61	3			28	137
246	118	150	150	146	153

20

					267
7	13		66	56	187
	43	13	35	7	109
	52	65		15	213
18			29	63	175
	42	38	56		214
161	197	179	206	155	158

17.–20. Rechen-Rätsel bis 1 000

Lösungen

17

					170
31	26	**4**	38	53	152
39	**32**	44	27	22	164
54	**48**	32	**55**	45	234
68	**22**	17	2	6	115
36	32	18	26	**16**	128
228	160	115	148	142	113

18

					120
23	**67**	69	6	36	201
16	45	**35**	**11**	46	153
44	**4**	18	15	**47**	128
21	49	**45**	13	33	161
16	49	36	4	66	161
110	214	203	49	228	165

19

					168
58	**49**	10	38	69	224
58	**26**	**51**	17	3	155
59	23	4	40	24	150
10	17	58	37	**22**	144
61	3	**27**	**18**	28	137
246	118	150	150	146	153

20

					267
7	13	**45**	66	56	187
11	43	13	35	7	109
61	52	65	**20**	15	213
18	**47**	**18**	29	63	175
64	42	38	56	**14**	214
161	197	179	206	155	158

21.–24. Rechen-Rätsel bis 1000

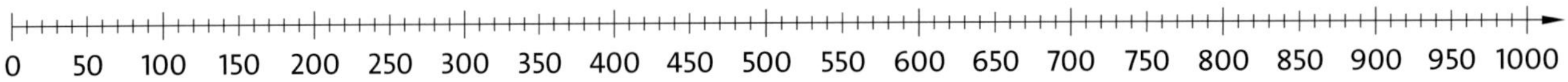

21

					290
41		57			275
64			73	71	307
	63		49	37	258
	27	46	20	14	166
	25	19	40	25	176
294	184	246	234	224	153

22

					245
67	43		65	39	253
		36	79	50	218
66				23	269
		51	5	38	180
23	60	10	68		241
202	267	189	273	230	246

23

					204
		60	21	58	202
76	8	71	43		259
			49	30	216
	77	47		36	239
7	58	21	66		226
212	219	218	234	259	199

24

					181
	63		54	46	274
64	43	73			222
18	38	0		63	130
		39	16	42	164
63			11	27	212
214	247	229	102	210	150

21.–24. Rechen-Rätsel bis 1 000

Lösungen

21

					290
41	**48**	57	**52**	**77**	275
64	**21**	**78**	73	71	307
63	63	**46**	49	37	258
59	27	46	20	14	166
67	25	19	40	25	176
294	184	246	234	224	153

22

					245
67	43	**39**	65	39	253
12	**41**	36	79	50	218
66	**71**	**53**	**56**	23	269
34	**52**	51	5	38	180
23	60	10	68	**80**	241
202	267	189	273	230	246

23

					204
43	**20**	60	21	58	202
76	8	71	43	**61**	259
62	**56**	**19**	49	30	216
24	77	47	**55**	36	239
7	58	21	66	**74**	226
212	219	218	234	259	199

24

					181
64	63	**47**	54	46	274
64	43	73	**10**	**32**	222
18	38	0	**11**	63	130
5	**62**	39	16	42	164
63	**41**	**70**	11	27	212
214	247	229	102	210	150

25.–28. Rechen-Rätsel bis 1 000

Aufgaben

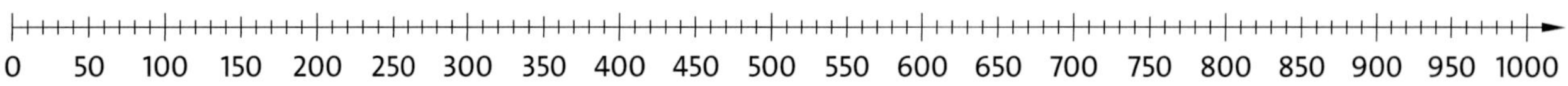

25

					284
		79	75	80	325
	79	42	41	20	249
28			44		255
71	41		79	52	243
43		63		28	249
210	290	263	303	255	266

26

					181
43		1	94	51	205
	69	65	47	14	213
42	87	15	79		243
28					189
	6	48		7	129
143	249	185	276	126	139

27

					163
	33	65	63	76	292
52		59	13	34	195
34			62	61	203
	44	55		72	296
	86	23			241
218	245	203	282	279	206

28

					104
		5	13		119
7		76	8	79	221
	73	3		32	151
61	36			21	210
20	12	79	73		253
151	181	186	198	238	247

25.–28. Rechen-Rätsel bis 1 000

Lösungen

25

					284
1	**90**	79	75	80	325
67	79	42	41	20	249
28	**29**	**79**	44	**75**	255
71	41	**0**	79	52	243
43	**51**	63	**64**	28	249
210	290	263	303	255	266

26

					181
43	**16**	1	94	51	205
18	69	65	47	14	213
42	87	15	79	**20**	243
28	**71**	**56**	**0**	**34**	189
12	6	48	**56**	7	129
143	249	185	276	126	139

27

					163
55	33	65	63	76	292
52	**37**	59	13	34	195
34	**45**	**1**	62	61	203
48	44	55	**77**	72	296
29	86	23	**67**	**36**	241
218	245	203	282	279	206

28

					104
55	**9**	5	13	**37**	119
7	**51**	76	8	79	221
8	73	3	**35**	32	151
61	36	**23**	**69**	21	210
20	12	79	73	**69**	253
151	181	186	198	238	247

29.–32. Rechen-Rätsel bis 1000

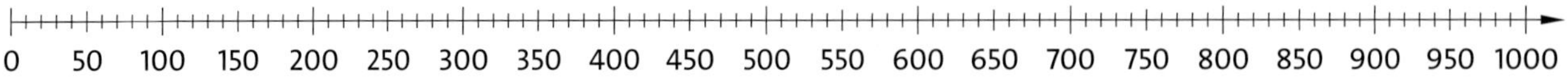

29

					148
93	54	97	22		281
15		82	34		282
	46		96	47	285
	45	50			233
40	61			69	312
255	265	303	270	300	271

30

					263
47	4			67	265
			93		322
17	91	0		13	210
26	44	54		98	257
	30	49	65		293
210	248	268	351	270	251

31

					349
	49		77	81	262
90		74		3	320
42	19	70	4		229
1	55		92		332
			70	47	222
179	212	311	343	320	265

32

					293
86	60	98			256
68		78	92	44	360
		81	17		283
	77		30	48	290
		90	67	88	339
375	290	384	214	265	363

29.–32. Rechen-Rätsel bis 1 000

Lösungen

29

					148
93	54	97	22	**15**	281
15	**59**	82	34	**92**	282
82	46	**14**	96	47	285
25	45	50	**36**	**77**	233
40	61	**60**	**82**	69	312
255	265	303	270	300	271

30

					263
47	4	**78**	**69**	67	265
61	**79**	**87**	93	**2**	322
17	91	0	**89**	13	210
26	44	54	**35**	98	257
59	30	49	65	**90**	293
210	248	268	351	270	251

31

					349
3	49	**52**	77	81	262
90	**53**	74	**100**	3	320
42	19	70	4	**94**	229
1	55	**89**	92	**95**	332
43	**36**	**26**	70	47	222
179	212	311	343	320	265

32

					293
86	60	98	**8**	**4**	256
68	**78**	78	92	44	360
84	**20**	81	17	**81**	283
98	77	**37**	30	48	290
39	**55**	90	67	88	339
375	290	384	214	265	363

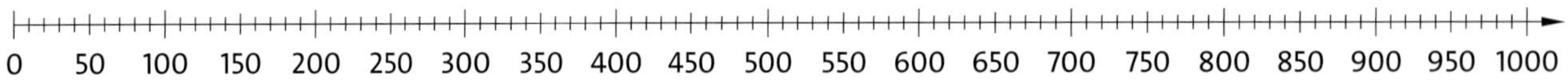

33

						309
59	100			65	87	394
	31	110	69		1	277
46	18	4	60	74		242
		67	87	30	18	297
44	11		33	64		249
44		1		25		161
267	218	315	304	298	218	275

34

						23
109	12	86	41	2		268
72	78	55	74	48		375
	1	13	73	7		242
	61				45	382
106		3	16	41		311
18	0		17	11	25	104
473	210	202	305	193	299	350

35

						440
		32	41	35	72	360
79		28	91		11	301
85	89	79		88		493
	53	77		98	1	328
60	53		84	33		339
87		18	24	102	109	434
460	408	280	386	410	311	407

36

						261
99			12	66		410
31	79	82			72	364
43	55	64	12			350
		16	33	60	9	295
84	41	97	55		74	366
77	25		7	107	84	339
406	338	407	195	375	403	374

Autor: Bernd Wehren: Rechen-Rätsel bis 1000. • Illustrationen: Corinna Babylon (Hintergrund); Stefan Giertzsch (Zahlenstrahl)

33

						309
59	100	**78**	**5**	65	87	394
26	31	110	69	**40**	1	277
46	18	4	60	74	**40**	242
48	**47**	67	87	30	18	297
44	11	**55**	33	64	**42**	249
44	**11**	1	**50**	25	**30**	161
267	218	315	304	298	218	275

34

						23
109	12	86	41	2	**18**	268
72	78	55	74	48	**48**	375
72	1	13	73	7	**76**	242
96	61	**12**	**84**	**84**	45	382
106	**58**	3	16	41	**87**	311
18	0	**33**	17	11	25	104
473	210	202	305	193	299	350

35

						440
99	**81**	32	41	35	72	360
79	**38**	28	91	**54**	11	301
85	89	79	**97**	88	**55**	493
50	53	77	**49**	98	1	328
60	53	**46**	84	33	**63**	339
87	**94**	18	24	102	109	434
460	408	280	386	410	311	407

36

						261
99	**33**	**109**	12	66	**91**	410
31	79	82	**76**	**24**	72	364
43	55	64	12	**103**	**73**	350
72	**105**	16	33	60	9	295
84	41	97	55	**15**	74	366
77	25	**39**	7	107	84	339
406	338	407	195	375	403	374

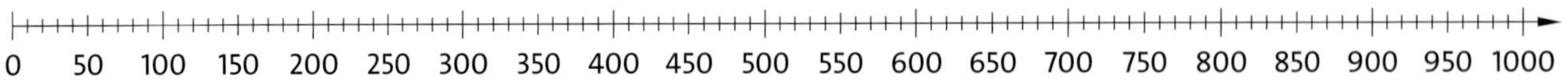

37

						315
73	88	30				418
		45	89	72	60	403
67	61	57		72	22	322
118	81	83	4		118	486
			6	49		301
6	86		95	91	30	308
388	406	302	325	412	405	285

38

						348
111	10	62		55	9	268
98	105		64	40		360
	51	17	49			288
66	28	95	13		68	326
40	100	106	53	4		403
				58		402
418	368	400	301	318	242	275

39

						306
	75	71		116	17	403
44		75	26	47	60	253
	105		14	27	91	299
115	107	63		63	89	478
		16			52	442
45		23	28	110		324
382	453	298	244	440	382	327

40

						312
43		94	89	41		478
40	6	78	60	31		309
	19	29	46		23	184
34	65	12	109	93		349
45	24		96	104	103	375
				13		495
294	351	265	517	323	440	382

37.–40. Rechen-Rätsel bis 1000

Lösungen

37

						315
73	88	30	**88**	**46**	**93**	418
65	**72**	45	89	72	60	403
67	61	57	**43**	72	22	322
118	81	83	4	**81**	118	486
59	**18**	**87**	6	49	**81**	301
6	86	**95**	95	91	30	308
388	406	302	325	412	405	285

38

						348
111	10	62	**21**	55	9	268
98	105	**31**	64	40	**22**	360
48	51	17	49	**105**	**18**	288
66	28	95	13	**56**	68	326
40	100	106	53	4	**100**	403
55	**74**	**89**	**101**	58	**25**	402
418	368	400	301	318	242	275

39

						306
85	75	71	**39**	116	17	403
44	**1**	75	26	47	60	253
12	105	**50**	14	27	91	299
115	107	63	**41**	63	89	478
81	**120**	16	**96**	**77**	52	442
45	**45**	23	28	110	**73**	324
382	453	298	244	440	382	327

40

						312
43	**118**	94	89	41	**93**	478
40	6	78	60	31	**94**	309
26	19	29	46	**41**	23	184
34	65	12	109	93	**36**	349
45	24	**3**	96	104	103	375
106	**119**	**49**	**117**	13	**91**	495
294	351	265	517	323	440	382

41.–44. Rechen-Rätsel bis 1 000

Aufgaben

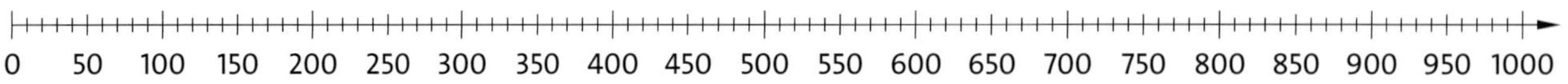

41

						423
	130			36	105	359
	59		60	82		356
		22	6	43	67	342
20		92	92		61	381
69	60	27		35	86	366
78		41	45	35	49	254
380	422	286	341	286	373	258

42

						297
11	34	126		25		329
64		9		27		364
	126	97	5		15	377
		25	106	71	63	388
109			18	4	16	275
100	113	45	88		55	473
417	476	320	409	278	306	321

43

						559
64	48		11	85		349
10		116	15		81	351
27	10	112	104		29	395
71		22		9	130	386
	127		8	69	22	268
120		101		116	78	544
299	440	425	211	476	442	414

44

						451
56		126	55	48	58	368
	15		45	99	115	358
21	3	49		101	90	309
				77	109	576
12	130		70	28	118	419
	127	53	6			290
287	330	418	345	364	576	358

41.–44. Rechen-Rätsel bis 1 000

Lösungen

41

						423
1	130	**38**	**49**	36	105	359
84	59	**66**	60	82	**5**	356
128	**76**	22	6	43	67	342
20	**61**	92	92	**55**	61	381
69	60	27	**89**	35	86	366
78	**6**	41	45	35	49	254
380	422	286	341	286	373	258

42

						297
11	34	126	**103**	25	**30**	329
64	**48**	9	**89**	27	**127**	364
55	126	97	5	**79**	15	377
78	**45**	25	106	71	63	388
109	**110**	**18**	18	4	16	275
100	113	45	88	**72**	55	473
417	476	320	409	278	306	321

43

						559
64	48	**39**	11	85	**102**	349
10	**45**	116	15	**84**	81	351
27	10	112	104	**113**	29	395
71	**108**	22	**46**	9	130	386
7	127	**35**	8	69	22	268
120	**102**	101	**27**	116	78	544
299	440	425	211	476	442	414

44

						451
56	**25**	126	55	48	58	368
67	15	**17**	45	99	115	358
21	3	49	**45**	101	90	309
124	**30**	**112**	**124**	77	109	576
12	130	**61**	70	28	118	419
7	127	53	6	**11**	**86**	290
287	330	418	345	364	576	358

45.–48. Rechen-Rätsel bis 1000

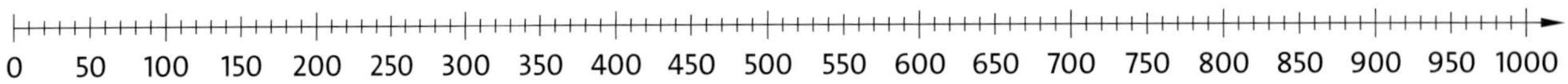

45

						384
32	130	83	88			468
2	109			18		248
17		76	138	44	71	388
			39	64	68	295
	45	109	4	122	86	424
30	92	15	74			317
139	419	406	373	401	402	436

46

						399
	37	64	21	126		338
2	43	93	29	104		328
132	131		44	40		586
		126		14	130	490
	65	61	90	31		312
52	113	29	35			350
316	528	512	268	361	419	419

47

						432
84			92	78	58	348
53	76		125		100	497
	84		66	46	68	513
130		123	119	53		506
90		127			62	500
73	70	19		119	26	335
564	295	449	512	547	332	559

48

						365
5			64	23		307
		3	11		49	161
		30	12	100	41	241
116	99	138			97	600
137	48		121	6	33	428
81	120	30		137	12	428
377	382	416	342	338	310	218

Autor: Bernd Wehren: Rechen-Rätsel bis 1000. • Illustrationen: Corinna Babylon (Hintergrund); Stefan Giertzsch (Zahlenstrahl)

45.–48. Rechen-Rätsel bis 1 000

Lösungen

45

						384
32	130	83	88	**105**	**30**	468
2	109	**0**	**30**	18	**89**	248
17	**42**	76	138	44	71	388
0	**1**	**123**	39	64	68	295
58	45	109	4	122	86	424
30	92	15	74	**48**	**58**	317
139	419	406	373	401	402	436

46

						399
82	37	64	21	126	**8**	338
2	43	93	29	104	**57**	328
132	131	**139**	44	40	**100**	586
32	**139**	126	**49**	14	130	490
16	65	61	90	31	**49**	312
52	113	29	35	**46**	**75**	350
316	528	512	268	361	419	419

47

						432
84	**2**	**34**	92	78	58	348
53	76	**31**	125	**112**	100	497
134	84	**115**	66	46	68	513
130	**63**	123	119	53	**18**	506
90	**0**	127	**82**	**139**	62	500
73	70	19	**28**	119	26	335
564	295	449	512	547	332	559

48

						365
5	**5**	**132**	64	23	**78**	307
11	**79**	3	11	**8**	49	161
27	**31**	30	12	100	41	241
116	99	138	**86**	**64**	97	600
137	48	**83**	121	6	33	428
81	120	30	**48**	137	12	428
377	382	416	342	338	310	218

49.–52. Rechen-Rätsel bis 1000

Aufgaben

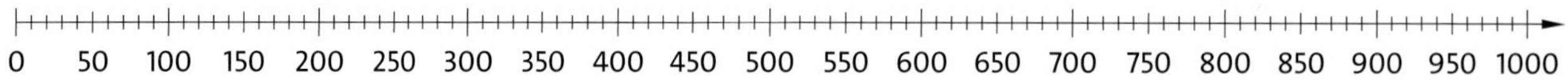

49

							373
16		106	59	116	37		395
	128	37		60	64	36	391
	0	84	51	125	2	34	415
27	60	133	39	12	19		419
66		5	60				391
	17	113	68	70	63	11	426
	117		36	18	75	10	344
440	401	489	328	463	372	288	402

50

							373
98	19		126	95		70	425
71	26		8	105	80	88	393
112		63	55	45	77	70	428
30		38	82	94		5	474
111	84		57	9	44	24	392
73		62		70	39	127	514
	119	77	107		132		665
517	360	332	567	489	505	521	454

51

							282
10	20	52	33	24		6	164
115	101	17		93	47		486
	118		105	23		39	495
		95	17		58		666
	94	4	6	37	46	24	238
95	135		13	6	20	123	510
50	133	34		37	95	64	507
445	727	348	349	350	419	428	277

52

							411
95	98		86	117	78		505
	133	48	118	136	58	122	650
70		25		82	101		404
40		109	65		50	83	412
1	88	122		41	29	65	409
76		52	105	73		32	401
5		29	74	54	52	62	345
322	565	396	545	513	372	413	425

49.–52. Rechen-Rätsel bis 1000

Lösungen

49

							373
16	**15**	106	59	116	37	**46**	395
51	128	37	**15**	60	64	36	391
119	0	84	51	125	2	34	415
27	60	133	39	12	19	**129**	419
66	**64**	5	60	**62**	**112**	**22**	391
84	17	113	68	70	63	11	426
77	117	**11**	36	18	75	10	344
440	401	489	328	463	372	288	402

50

							373
98	19	**14**	126	95	**3**	70	425
71	26	**15**	8	105	80	88	393
112	**6**	63	55	45	77	70	428
30	**95**	38	82	94	**130**	5	474
111	84	**63**	57	9	44	24	392
73	**11**	62	**132**	70	39	127	514
22	119	77	107	**71**	132	**137**	665
517	360	332	567	489	505	521	454

51

							282
10	20	52	33	24	**19**	6	164
115	101	17	**81**	93	47	**32**	486
48	118	**28**	105	23	**134**	39	495
100	**126**	95	17	**130**	58	**140**	666
27	94	4	6	37	46	24	238
95	135	**118**	13	6	20	123	510
50	133	34	**94**	37	95	64	507
445	727	348	349	350	419	428	277

52

							411
95	98	**11**	86	117	78	**20**	505
35	133	48	118	136	58	122	650
70	**63**	25	**34**	82	101	**29**	404
40	**55**	109	65	**10**	50	83	412
1	88	122	**63**	41	29	65	409
76	**59**	52	105	73	**4**	32	401
5	**69**	29	74	54	52	62	345
322	565	396	545	513	372	413	425

53.–56. Rechen-Rätsel bis 1 000

Aufgaben

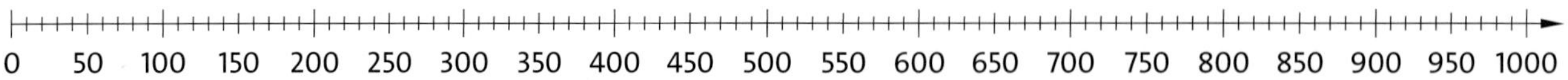

53

							495
	23	104		105		31	362
134	87	78		56	93	103	633
89		98	20	57	13	115	475
1	12	52	118		37		463
	85		73	68		67	523
	91		94	4	5		321
83	144		136	129	52	44	698
509	525	544	530	522	303	542	490

54

							684
15	30	117		46		49	427
25			104	108	9	2	448
29	49		57	117	144	108	551
136		82	149	28	11	38	475
		150	7	135	110	136	684
67	94	103		135	60		606
	11	30			68	39	421
403	404	671	547	674	450	463	503

55

							344
132	57	17	18	70	41		392
72		146			24	44	497
32	64		124	51	18		353
	150		10	46		123	474
21	100	68	144		129		754
94	105	143	15	113		71	673
	134	46	31	122	131		534
431	659	508	448	603	481	547	509

56

							467
4		82	42	30		11	317
	12	98	67		94	71	445
12		6	147	68	148	15	432
	48		74	114	110	31	476
84	47	66	11	40		93	486
0	123		89	132	146		592
31		136		49	42	71	401
267	447	498	456	470	698	313	353

53

							495
70	23	104	**7**	105	**22**	31	362
134	87	78	**82**	56	93	103	633
89	**83**	98	20	57	13	115	475
1	12	52	118	**103**	37	**140**	463
127	85	**22**	73	68	**81**	67	523
5	91	**80**	94	4	5	**42**	321
83	144	**110**	136	129	52	44	698
509	525	544	530	522	303	542	490

54

							684
15	30	117	**122**	46	**48**	49	427
25	**58**	**142**	104	108	9	2	448
29	49	**47**	57	117	144	108	551
136	**31**	82	149	28	11	38	475
15	**131**	150	7	135	110	136	684
67	94	103	**56**	135	60	**91**	606
116	11	30	**52**	**105**	68	39	421
403	404	671	547	674	450	463	503

55

							344
132	57	17	18	70	41	**57**	392
72	**49**	146	**106**	**56**	24	44	497
32	64	**0**	124	51	18	**64**	353
51	150	**88**	10	46	**6**	123	474
21	100	68	144	**145**	129	**147**	754
94	105	143	15	113	**132**	71	673
29	134	46	31	122	131	**41**	534
431	659	508	448	603	481	547	509

56

							467
4	**135**	82	42	30	**13**	11	317
66	12	98	67	**37**	94	71	445
12	**36**	6	147	68	148	15	432
70	48	**29**	74	114	110	31	476
84	47	66	11	40	**145**	93	486
0	123	**81**	89	132	146	**21**	592
31	**46**	136	**26**	49	42	71	401
267	447	498	456	470	698	313	353

57.–60. Rechen-Rätsel bis 1000

Aufgaben

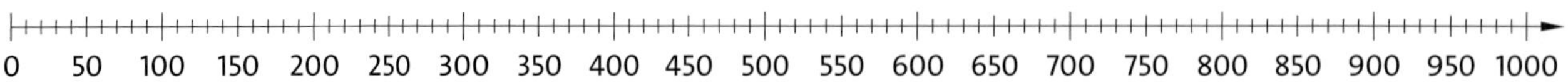

57

							716
85			75			52	603
	71	64		159	113	61	686
25			90	40	123	86	565
140		105	101	141	71	3	691
	69	115	100	78	38	145	644
104		60	33	16	8		477
		90	34	19	156	95	636
745	640	638	513	554	655	557	536

58

							431
66			154	46	80	8	572
121	75		113		50		661
		139	98	83		61	656
	42	5	67	12	13	55	298
99	44		97	125	20	131	611
136	104	63		116		159	828
24		77		33	154	102	542
598	566	588	702	447	622	645	721

59

							374
18	124		22	2	67	143	450
56	119		148	96	94	19	666
	110	149	111	46	82		536
66			31	133	20		545
2	108	9	107	92		62	390
2	11	92				6	235
		67	100	22	129	62	550
200	758	601	520	496	420	377	489

60

							491
142	17	120		124	0	112	599
			10	115			614
4	105		141		144	61	616
73	144	101		97	159		714
109	159	62	95		153	115	789
108	29	118	13	82		32	425
21		126	72	83	145	121	633
566	531	656	431	690	803	713	501

Autor: Bernd Wehren: Rechen-Rätsel bis 1000. • Illustrationen: Corinna Babylon (Hintergrund); Stefan Giertzsch (Zahlenstrahl)

57.–60. Rechen-Rätsel bis 1000

Lösungen

57

							716
85	**38**	**106**	75	**101**	**146**	52	603
138	71	64	**80**	159	113	61	686
25	**103**	**98**	90	40	123	86	565
140	**130**	105	101	141	71	3	691
99	69	115	100	78	38	145	644
104	**141**	60	33	16	8	**115**	477
154	**88**	90	34	19	156	95	636
745	640	638	513	554	655	557	536

58

							431
66	**150**	**68**	154	46	80	8	572
121	75	**141**	113	**32**	50	**129**	661
48	**69**	139	98	83	**158**	61	656
104	42	5	67	12	13	55	298
99	44	**95**	97	125	20	131	611
136	104	63	**103**	116	**147**	159	828
24	**82**	77	**70**	33	154	102	542
598	566	588	702	447	622	645	721

59

							374
18	124	**74**	22	2	67	143	450
56	119	**134**	148	96	94	19	666
16	110	149	111	46	82	**22**	536
66	**156**	**76**	31	133	20	**63**	545
2	108	9	107	92	**10**	62	390
2	11	92	**1**	**105**	**18**	6	235
40	**130**	67	100	22	129	62	550
200	758	601	520	496	420	377	489

60

							491
142	17	120	**84**	124	0	112	599
109	**13**	**60**	10	115	**159**	**148**	614
4	105	**68**	141	**93**	144	61	616
73	144	101	**16**	97	159	**124**	714
109	159	62	95	**96**	153	115	789
108	29	118	13	82	**43**	32	425
21	**65**	126	72	83	145	121	633
566	531	656	431	690	803	713	501

61.–62. Rechen-Rätsel bis 1000

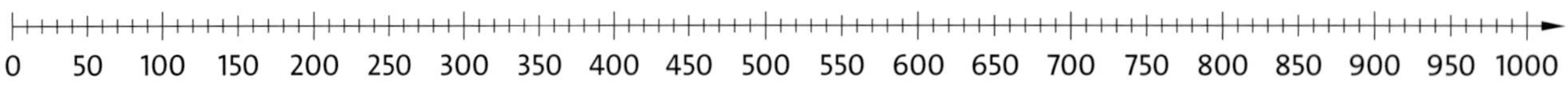

61

								693
116	18	64	39	152			61	662
115	70	118		29		16		386
	34		155	116	104	79	45	678
23	11	155	69	127		151	60	685
128	99	59	115	36	136		30	671
	89	85	115	151	136	64	66	756
88		19	55		64	61		620
	54		5	14	87	24	20	448
759	407	650	572	772	785	521	440	567

62

								722
	7	133		106	35	1		509
	100	31	107	24			106	527
135		29		153	45	75	129	653
146	67	107	112	72	39			627
61	149		49	30	152	69		687
	120	144	160		43	54	24	644
125	111	98		85	69	24	126	769
124	57	159	58	45		122	25	624
788	637	827	712	591	418	453	614	439

Autor: Bernd Wehren: Rechen-Rätsel bis 1000. • Illustrationen: Corinna Babylon (Hintergrund); Stefan Giertzsch (Zahlenstrahl)

61.–62. Rechen-Rätsel bis 1 000

Lösungen

61

								693
116	18	64	39	152	**154**	**58**	61	662
115	70	118	**19**	29	**15**	16	**4**	386
86	34	**59**	155	116	104	79	45	678
23	11	155	69	127	**89**	151	60	685
128	99	59	115	36	136	**68**	30	671
50	89	85	115	151	136	64	66	756
88	**32**	19	55	**147**	64	61	**154**	620
153	54	**91**	5	14	87	24	20	448
759	407	650	572	772	785	521	440	567

62

								722
76	7	133	**34**	106	35	1	**117**	509
98	100	31	107	24	**1**	**60**	106	527
135	**26**	29	**61**	153	45	75	129	653
146	67	107	112	72	39	**48**	**36**	627
61	149	**126**	49	30	152	69	**51**	687
23	120	144	160	**76**	43	54	24	644
125	111	98	**131**	85	69	24	126	769
124	57	159	58	45	**34**	122	25	624
788	637	827	712	591	418	453	614	439

Autor: Bernd Wehren: Rechen-Rätsel bis 1 000. • Illustrationen: Corinna Babylon (Hintergrund)

63.–64. Rechen-Rätsel bis 1000

Aufgaben

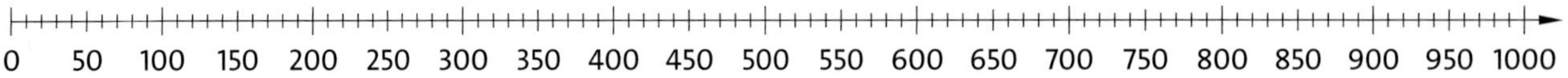

63

								761
129	149	55	61	81	145		128	901
6	137	5	36	78	121			513
75		102	102	74		29	71	596
158	68		120	149	3	155	114	774
75	117	93	136	129		22	133	813
	92	55				121	62	671
50	108		62	95	91	67		759
	105	142	8	41	140	4	20	462
593	788	604	677	656	819	608	744	787

64

								765
75	120		18	112		76	81	753
			50	140	112	78		753
70	44	148	77				118	710
		124	17	77	159	150	50	732
132	75	8	82	28	41		0	425
22	128	105	63	88	154	49		704
144	103	119		38		154	6	748
145	6	39	118		41	2	80	462
867	581	804	525	566	838	675	431	746

63.–64. Rechen-Rätsel bis 1 000

Lösungen

63

								761
129	149	55	61	81	145	**153**	128	901
6	137	5	36	78	121	**57**	**76**	513
75	**14**	102	102	74	**129**	29	71	596
158	68	**7**	120	149	3	155	114	774
75	117	93	136	129	**108**	22	133	813
98	92	55	**152**	**9**	**82**	121	62	671
50	108	**145**	62	95	91	68	**140**	759
2	105	142	8	41	140	4	20	462
593	788	604	677	656	819	608	744	787

64

								765
75	120	**118**	18	112	**153**	76	81	753
139	**90**	**143**	50	140	112	78	**1**	753
70	44	148	77	**52**	**94**	**107**	118	710
140	**15**	124	17	77	159	150	50	732
132	75	8	82	28	41	**59**	0	425
22	128	105	63	88	154	49	**95**	704
144	103	119	**100**	38	**84**	154	6	748
145	6	39	118	**31**	41	2	80	462
867	581	804	525	566	838	675	431	746

65.–66. Rechen-Rätsel bis 1 000

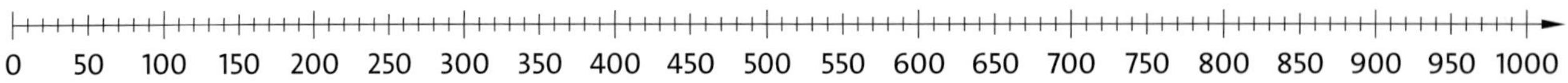

65

								695
	111	53	110	1		142	22	645
83	108	46		133	13	122	33	680
	151	107	124		170	49		745
67	33	91			98	96	50	637
	2		67	162	129	115	109	786
19			110	157	109	123	150	779
	103	19	67	43	31		135	598
49	47	7	53	31		21	148	468
495	642	486	737	720	758	820	680	960

66

								691
	98		32	123		131	115	882
	50	86	123	135	65	87		644
115		108	10	65		106	4	446
154	166	115	117	111		121	59	953
41	3	167	98		121	150	158	807
14	51	129	96		20	1		470
31	60	90			41	159	163	805
	164		120	58	43		75	708
693	618	846	739	751	540	866	662	760

65

								695
110	111	53	110	1	**96**	142	22	645
83	108	46	**142**	133	13	122	33	680
56	151	107	124	**55**	170	49	**33**	745
67	33	91	**64**	**138**	98	96	50	637
63	2	**139**	67	162	129	115	109	786
19	**87**	**24**	110	157	109	123	150	779
48	103	19	67	43	31	**152**	135	598
49	47	7	53	31	**112**	21	148	468
495	642	486	737	720	758	820	680	960

66

								691
162	98	**93**	32	123	**128**	131	115	882
97	50	86	123	135	65	87	**1**	644
115	**26**	108	10	65	**12**	106	4	446
154	166	115	117	111	**110**	121	59	953
41	3	167	98	**69**	121	150	158	807
14	51	129	96	**72**	20	1	**87**	470
31	60	90	**143**	**118**	41	159	163	805
79	164	**58**	120	58	43	**111**	75	708
693	618	846	739	751	540	866	662	760

67.–68. Rechen-Rätsel bis 1 000

Aufgaben

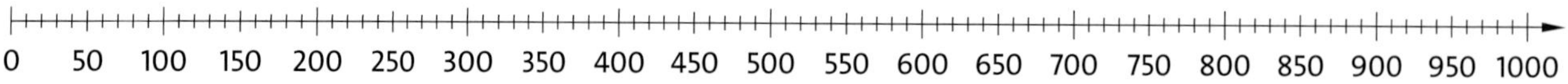

67

894

	145	129	29	45		42	59	506
	84		113	175	153	135	101	817
	163	153	128	58	67	155		898
90	88	138		170			62	778
175	45		109	90	105	161	167	999
82	153	172	40		55	135		791
40		111	71		20	33	52	549
74	20	108	0	130		9	53	562
551	806	993	538	829	667	803	713	523

68

493

21	162	12	58	14		41		560
173	10	148	116		174	125	108	999
114	82	162		161	115	36	41	746
		148	87	12		29	51	578
16	107		71	113	23		146	528
56		27	93	62	170		155	804
	51	88			66	160	140	780
11	65	108		168	129	147	180	892
429	695	699	633	851	959	719	902	903

67

								894
7	145	129	29	45	**50**	42	59	506
21	84	**35**	113	175	153	135	101	817
62	163	153	128	58	67	155	**112**	898
90	88	138	**48**	170	**49**	**133**	62	778
175	45	**147**	109	90	105	161	167	999
82	153	172	40	**47**	55	135	**107**	791
40	**108**	111	71	**114**	20	33	52	549
74	20	108	0	130	**168**	9	53	562
551	806	993	538	829	667	803	713	523

68

								493
21	162	12	58	14	**171**	41	**81**	560
173	10	148	116	**145**	174	125	108	999
114	82	162	**35**	161	115	36	41	746
28	**112**	148	87	12	**111**	29	51	578
16	107	**6**	71	113	23	**46**	146	528
56	**106**	27	93	62	170	**135**	155	804
10	51	88	**89**	**176**	66	160	140	780
11	65	108	**84**	168	129	147	180	892
429	695	699	633	851	959	719	902	903

69.–70. Rechen-Rätsel bis 1 000

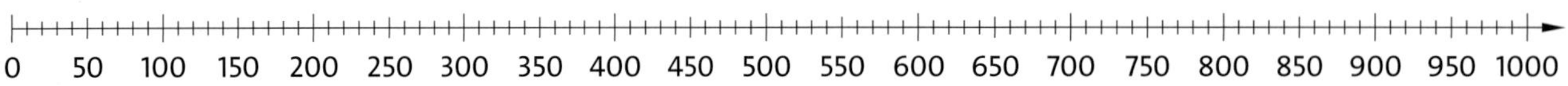

69

								901
60	33	157	169				185	904
25	116	162		134	97	85	190	905
	99	138	143		185	74	9	906
53	12			85	52	159	80	596
18	153	134	67		87	163	169	805
133		100	102	68			41	659
		153	112	130	73	166		932
114	79		106	22	169	153	122	876
602	741	990	915	684	821	897	933	752

70

								648
142	30		57	125	139		42	717
	138	34		121		139	69	747
16		22	39	144	84	155	158	657
	36	28	110	28	64	184		651
117		134		177			103	829
	188	99	115	35	26	73	30	667
34	8		96		185	189	81	709
98	9		132	48	75	55	35	476
533	475	534	765	734	826	937	648	939

69

								901
60	33	157	169	**91**	**142**	**67**	185	904
25	116	162	**96**	134	97	85	190	905
118	99	138	143	**140**	185	74	9	906
53	12	**35**	**120**	85	52	159	80	596
18	153	134	67	**14**	87	163	169	805
133	**169**	100	102	68	**16**	**30**	41	659
81	**80**	153	112	130	73	166	**137**	932
114	79	**111**	106	22	169	153	122	876
602	741	990	915	684	821	897	933	752

70

								648
142	30	**134**	57	125	139	**48**	42	717
54	138	34	**66**	121	**126**	139	69	747
16	**39**	22	39	144	84	155	158	657
71	36	28	110	28	64	184	**130**	651
117	**27**	134	**150**	177	**27**	**94**	103	829
1	188	99	115	35	26	73	30	667
34	8	**59**	96	**56**	185	189	81	709
98	9	**24**	132	48	75	55	35	476
533	475	534	765	734	826	937	648	939

71.–72. Rechen-Rätsel bis 1000

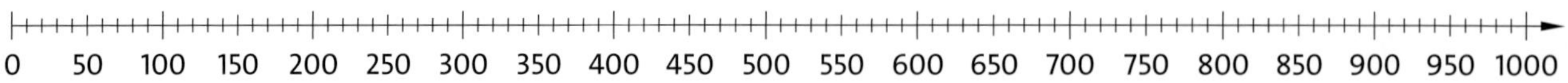

71

507

46	4		97		128	32	134	20	496
47		6	36	143	86		63		644
69		67	67	6	34	50	67	137	647
150	11	14	7	147	69		102	60	647
22		119	150	37	16	19		22	488
49		32		26	49	14	72	25	456
10	114		112	54	96		52	78	530
66	144	16		45		93	143	100	810
	58	61	114	104		121	145	49	753
494	672	349	791	572	619	502	844	628	448

72

691

	105	129	129	19		78	0	12	620
	0	90	125	18	92	33	146	86	612
60	1		33	111	16		56	105	520
12	131	131	42	81	11	48		149	666
62		98	128	130	116	60			950
	115	50		99	13	4	136	43	581
	109		1	23	54	36	13	42	493
109		63	5		77	34	144	42	546
61	85	67	76	123		88		0	589
460	636	789	627	674	521	490	782	598	412

Autor: Bernd Wehren: Rechen-Rätsel bis 1000. • Illustrationen: Corinna Babylon (Hintergrund); Stefan Giertzsch (Zahlenstrahl)

 Lösungen

71

									507
46	4	**25**	97	**10**	128	32	134	20	496
47	**45**	6	36	143	86	**81**	63	**137**	644
69	**150**	67	67	6	34	50	67	137	647
150	11	14	7	147	69	**87**	102	60	647
22	**37**	119	150	37	16	19	**66**	22	488
49	**109**	32	**80**	26	49	14	72	25	456
10	114	**9**	112	54	96	**5**	52	78	530
66	144	16	**128**	45	**75**	93	143	100	810
35	58	61	114	104	**66**	121	145	49	753
494	672	349	791	572	619	502	844	628	448

72

									691
18	105	129	129	19	**130**	78	0	12	620
22	0	90	125	18	92	33	146	86	612
60	1	**29**	33	111	16	**109**	56	105	520
12	131	131	42	81	11	48	**61**	149	666
62	**88**	98	128	130	116	60	**149**	**119**	950
33	115	50	**88**	99	13	4	136	43	581
83	109	**132**	1	23	54	36	13	42	493
109	**2**	63	5	**70**	77	34	144	42	546
61	85	67	76	123	**12**	88	**77**	0	589
460	636	789	627	674	521	490	782	598	412

73.–74. Rechen-Rätsel bis 1 000

Aufgaben

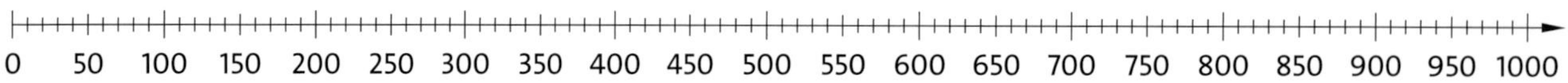

73

									663
21	53	65		27		103	102	49	517
	40		48	45	61		73	4	460
		103	133	139	138	70	141	73	962
15	99	8	101	77	127		22	129	709
	26	126	49	10	77	26	32	33	439
99	132	41	148	60	97		88	97	781
3	72		13		131			5	531
	33	1	115	101	35	50	115		613
104	42	98	30	2		91	108	124	739
597	539	558	651	556	909	590	790	561	665

74

									824
129	42		71	16		100	48	106	727
49	137	55			21	111	13	30	667
33	124	146		86	15	127	39		810
	51	125	54	114	124	73		150	766
120	148	63	149	78	121			8	826
134	104	81		35	95	54	38	25	651
93	14	35	58		48	101	108	19	514
123		140		19	59	21		116	765
	17	99	22		97	113	147	146	817
798	780	841	731	589	698	828	553	725	964

Autor: Bernd Wehren: Rechen-Rätsel bis 1 000. • Illustrationen: Corinna Babylon (Hintergrund); Stefan Giertzsch (Zahlenstrahl)

Lösungen

73

									663
21	53	65	**14**	27	**83**	103	102	49	517
76	40	**87**	48	45	61	**46**	73	4	460
123	**42**	103	133	139	138	70	141	73	962
15	99	8	101	77	127	**131**	22	129	709
60	26	126	49	10	77	26	32	33	439
99	132	41	148	60	97	**19**	88	97	781
3	72	**49**	13	**95**	131	**54**	**109**	5	531
116	33	1	115	101	35	50	115	**47**	613
104	42	98	30	2	**140**	91	108	124	739
597	539	578	651	556	909	590	790	561	665

74

									824
129	42	**97**	71	16	**118**	100	48	106	727
49	137	55	**111**	**140**	21	111	13	30	667
33	124	146	**115**	86	15	127	39	**125**	810
4	51	125	54	114	124	73	**71**	150	766
120	148	63	149	78	121	**128**	**11**	8	826
134	104	81	**85**	35	95	54	38	25	651
93	14	35	58	**38**	48	101	108	19	514
123	**143**	140	**66**	19	59	21	**78**	116	765
113	17	99	22	**63**	97	113	147	146	817
798	780	841	731	589	698	828	553	725	964

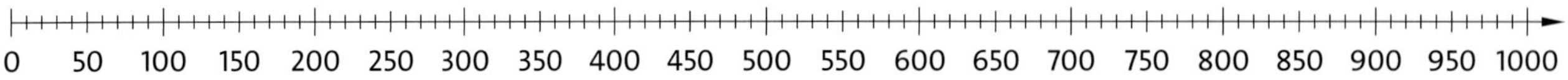

75

									694
38	43			156	96	90	24	26	661
		77	63				15		653
108	119	148		50	64	146	119	158	958
29	14	76	43	6	69		88	5	461
135	36	0	121	27		55	56	69	578
40	71	46	122	127		60	149	87	709
	54	77	48	15	91	22		81	432
6			33	17	26	37	92	21	463
95	40		58	157	136	156		62	890
571	565	804	602	691	602	784	626	560	509

76

									676
45	60	7	74	119	43			127	706
133	45	52		77	80	31	91	57	595
	158	146	71	129	138		31	56	936
93		132		105	50	70	140	121	853
	141		152	59	48	100	84		723
151		131	41	53	77	55	144	98	853
32	87	38			152		85	121	713
18	156	108	77	46		44	20	40	547
1	35	68		49		116	41	110	564
647	837	724	787	685	659	691	723	737	600

Lösungen

75

									694
38	43	**120**	**68**	156	96	90	24	26	661
120	**70**	77	63	**136**	**34**	**88**	15	**51**	653
108	119	148	**46**	50	64	146	119	158	958
29	14	76	43	6	69	**131**	88	5	461
135	36	0	121	27	**79**	55	56	69	578
40	71	46	122	127	**55**	60	149	87	709
0	54	77	48	15	91	22	**32**	81	432
6	**118**	**113**	33	17	26	37	92	21	463
95	40	**147**	58	157	136	156	**39**	62	890
571	565	804	602	691	602	784	626	560	509

76

									676
45	60	7	74	119	43	**144**	**87**	127	706
133	45	52	**29**	77	80	31	91	57	595
94	158	146	71	129	138	**113**	31	56	936
93	**52**	132	**90**	105	50	70	140	121	853
80	141	**42**	152	59	48	100	84	**17**	723
151	**103**	131	41	53	77	55	144	98	853
32	87	38	**142**	**48**	152	**8**	85	121	713
18	156	108	77	46	**38**	44	20	40	547
1	35	68	**111**	49	**33**	116	41	110	564
647	837	724	787	685	659	681	723	737	600

77.–78. Rechen-Rätsel bis 1000

Aufgaben

0 50 100 150 200 250 300 350 400 450 500 550 600 650 700 750 800 850 900 950 1000

77

										537
	97	49	54		54	5	7	72	72	488
120	64	98	85	95		122	24	5	134	837
119	105	50	106	40	107	70	59	66		780
28	108	77	102	47			104	25	63	758
50	16		75	117	44	74	114	84		793
	114	69	148	35		19	126	55		824
121	117	7	17	38		115	29	143	5	602
68		26		34	142	58		52	82	642
127	108	82	22	95	20		135	23		719
55	144	137			45	99	68		5	716
777	954	706	785	579	652	731	666	589	720	550

78

										691
27	66	89		94	72		120	70	42	740
90	15	124		121		111	69	85	84	880
36	85		123		100	30	144	137	40	851
89	39	59	82		90		69		142	806
	92	27	135	1	25	92	97	4	25	638
23	25	96	24	53	41		140		104	653
	125	74	90	4	106	83		2	110	767
95	44	30	1	121	90	149	140	140		842
18	37		40	41	7	111	38	21	91	472
137		4	147	139	40			11		802
721	573	643	932	710	612	778	965	717	800	612

Autor: Bernd Wehren: Rechen-Rätsel bis 1000. • Illustrationen: Corinna Babylon (Hintergrund); Stefan Giertzsch (Zahlenstrahl)

77.–78. Rechen-Rätsel bis 1000

Lösungen

77

										537
22	97	49	54	**56**	54	5	7	72	72	488
120	64	98	85	95	**90**	122	24	5	134	837
119	105	50	106	40	107	70	59	66	**58**	780
28	108	77	102	47	**88**	**116**	104	25	63	758
50	16	**111**	75	117	44	74	114	84	**108**	793
67	114	69	148	35	**52**	19	126	55	**139**	824
121	117	7	17	38	**10**	115	29	143	5	602
68	**81**	26	**99**	34	142	58	**0**	52	82	642
127	108	82	22	95	20	**53**	135	23	**54**	719
55	144	137	**77**	**22**	45	99	68	**64**	5	716
777	954	706	785	579	652	731	666	589	720	550

78

										691
27	66	89	**150**	94	72	**10**	120	70	42	740
90	15	124	**140**	121	**41**	111	69	85	84	880
36	85	**72**	123	**84**	100	30	144	137	40	851
89	39	59	82	**52**	90	**48**	69	**136**	142	806
140	92	27	135	1	25	92	97	4	25	638
23	25	96	24	53	41	**36**	140	**111**	104	653
66	125	74	90	4	106	83	**107**	2	110	767
95	44	30	1	121	90	149	140	140	**32**	842
18	37	**68**	40	41	7	111	38	21	91	472
137	**45**	4	147	139	40	**108**	**41**	11	**130**	802
721	573	643	932	710	612	778	965	717	800	612

79.–80. Rechen-Rätsel bis 1000

Aufgaben

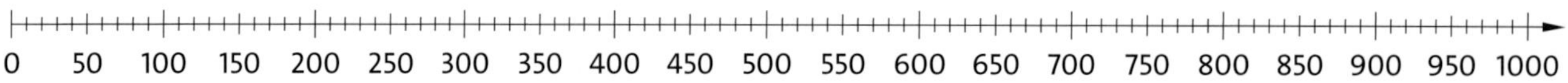

79

										701
21	61	86	86		105	39	98	113		814
144	69	63		46	76	49	92		7	616
67		4			42	135	57	85	35	675
	46	106	24	66		123	83		109	742
	28	59	124	65	57	57	41	88	119	783
52	42	94	1	0	13	27		94	135	505
145	0		16	47	135	1		106	131	799
		15	42	42	20	112	35	123	81	627
88	127	28	7	128	12				62	560
134		74	126	29	27	19	102	36	13	697
927	655	634	546	552	609	567	677	815	836	339

80

										861
58	86	104		64	128	75		49	138	932
		106	27	56	98	113		100	147	932
108	49		111	5	28	54	48	108		592
23	16	78	60		99	138	7		92	702
57	120	34	91	132	30	116	141		73	874
0	10	136		125	23	89	72	50	55	689
60	137	105	26	70	35	22	139			742
	49	41	144	78				114	115	861
29		47	88	26	63	53	10	92	0	478
145	47	120	147	106	23	148	64		22	890
670	653	832	935	663	541	935	804	863	796	588

79.–80. Rechen-Rätsel bis 1 000

Lösungen

79

										701
21	61	86	86	**61**	105	39	98	113	**144**	814
144	69	63	**42**	46	76	49	92	**28**	7	616
67	**104**	4	**78**	**68**	42	135	57	85	35	675
15	46	106	24	66	**122**	123	83	**48**	109	742
145	28	59	124	65	57	57	41	88	119	783
52	42	94	1	0	13	27	**47**	94	135	505
145	0	**105**	16	47	135	1	**113**	106	131	799
116	**41**	15	42	42	20	112	35	123	81	627
88	127	28	7	128	12	**5**	**9**	**94**	62	560
134	**137**	74	126	29	27	19	102	36	13	697
927	655	634	546	552	609	567	677	815	836	339

80

										861
58	86	104	**112**	64	128	75	**118**	49	138	932
60	**69**	106	27	56	98	113	**156**	100	147	932
108	49	**61**	111	5	28	54	48	108	**20**	592
23	16	78	60	**1**	99	138	7	**188**	92	702
57	120	34	91	132	30	116	141	**80**	73	874
0	10	136	**129**	125	23	89	72	50	55	689
60	137	105	26	70	35	22	139	**14**	**134**	742
130	49	41	144	78	**14**	**127**	**49**	114	115	861
29	**70**	47	88	26	63	53	10	92	0	478
145	47	120	147	106	23	148	64	**0**	22	890
670	653	832	935	663	541	935	804	863	796	588

Das rechnet sich

Weitere Bände der Rechen-Rätsel-Reihe

Rechen-Rätsel bis 20
Geheftet, 56 Seiten
978-3-589-16587-2

Rechen-Rätsel bis 100
Geheftet, 56 Seiten
978-3-589-16586-5

Unsere *Rechen-Rätsel*-Bände liefern Ihnen Abwechslung für den Mathematikunterricht. Mit *Rechen-Rätsel* können Ihre Schüler/-innen Rechenoperationen einfach, selbstständig, spielerisch und differenziert üben. Die mögliche Selbstkontrolle und das stets gleiche Schema vereinfachen den Einsatz – in normalen Unterrichtsstunden, in der Freiarbeit, im Wochenplan sowie im Vertretungs- und Förderunterricht.

Aktuelle Preise und weitere Informationen finden Sie unter **cornelsen.de**

Cornelsen
Potenziale entfalten